BEI GRIN MACHT SICH IHR WISSEN BEZAHLT

- Wir veröffentlichen Ihre Hausarbeit,
  Bachelor- und Masterarbeit

- Ihr eigenes eBook und Buch -
  weltweit in allen wichtigen Shops

- Verdienen Sie an jedem Verkauf

Jetzt bei www.GRIN.com hochladen und kostenlos publizieren

Virtuelles Planspiel zum Verständnis der Preispolitik von Unternehmen

Melanie Neupane

Bibliografische Information der Deutschen Nationalbibliothek:

Die Deutsche Nationalbibliothek verzeichnet diese Publikation in der Deutschen Nationalbibliografie; detaillierte bibliografische Daten sind im Internet über http://dnb.d-nb.de abrufbar.

ISBN: 9783346259967
Dieses Buch ist auch als E-Book erhältlich.

© GRIN Publishing GmbH
Nymphenburger Straße 86
80636 München

Druck und Bindung: Books on Demand GmbH, Norderstedt Germany
Gedruckt auf säurefreiem Papier aus verantwortungsvollen Quellen

Das Buch bei GRIN: https://www.grin.com/document/933143

Hochschule für angewandtes Management
Fakultät Betriebswirtschaftslehre
Sommersemester 2017
Planspiel Gruppe 1

Virtuelles Planspiel
Analyse des Preismanagements

Vorgelegt von
Melanie Tara Neupane
4. Semester

Tag der Einreichung: 18.09.2017

Gliederung

Preismanagement

* Analyse, Planung, Durchsetzung und Überwachung von Preisen und Konditionen

* Optimale Preise und Konditionen → Erreichung der Marketing/Unternehmensziele

Einleitung

Das Preismanagement ist ein wichtiger Bestandteil des Marketings. Nach Gablers Wirtschaftslexikon beinhaltet das Preismanagement die Analyse, Planung, Durchsetzung und Überwachung von Preisen und Konditionen. Außerdem führen optimale Preise und Konditionen zur Erreichung der Marketing und Unternehmensziele.[1]

Für Kapitalgeber ist es entscheidend, nach welchen Kriterien die Preise festgelegt werden. Es können keine Kunden und Aufträge gewonnen werden, wenn die Preise zu hoch sind. Sind die Preise aber zu niedrig angesetzt, werden Verluste erwirtschaftet. Es wird ein internes Controlling- und Kostenerfassungssystem benötigt, welches die Zuordnung aller Kosten zu deren Ursache ermöglicht. Desweiteren müssen die Wettbewerber und deren Preispolitik, sowie der Markt und dessen Preiselastizität analysiert werden, um einen angemessenen Preis festlegen zu können.[2]

1 vgl. Gabler Wirtschaftslexikon

2 vgl. Schwetje, Der Businessplan, S.85

2. Preispolitik

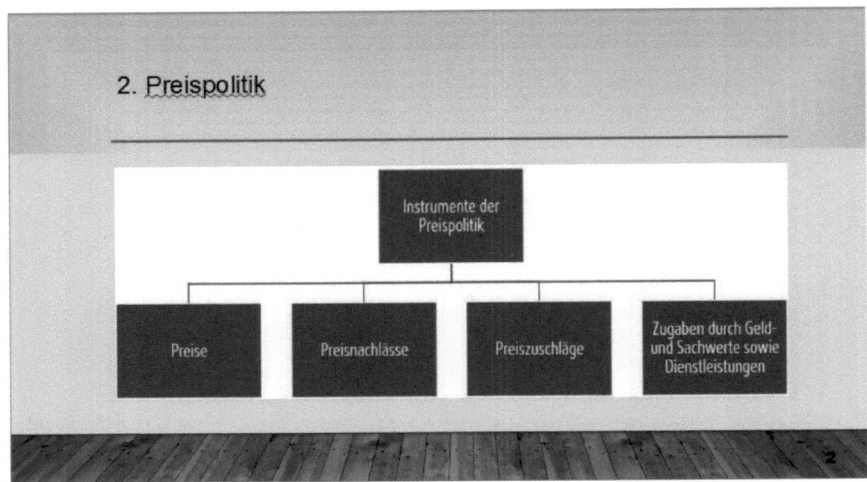

Abbildung 1 in Anlehnung an Bruhn

Preispolitik

Die zentrale Frage der Preispolitik ist, wie viel Geld ein Unternehmen von seinen Kunden fordern kann. Dazu müssen auch Angebot und Nachfrage betrachtet werden und übereinstimmen.[3]

Die Instrumente der Preispolitik sind der Preis, Preisnachlässe, Preiszuschläge und Zugaben durch Geld- und Sachwerte sowie Dienstleistungen. Preisnachlässe sind zum Beispiel Rabatte, wie Mengen- oder Treuerabatte, Boni oder Skonti. Entgelt für Sonderleistungen, Mindermengenzuschläge oder Preiszuschläge aufgrund bestimmter Zeiten hingegen sind Preiszuschläge. Zu den Zugaben zählen Geldzuwendungen, Sachzuwendungen, wie Testware, aber auch Dienstleistungen, wie die Regalpflege oder die Durchführung von Preisauszeichnungen für den Handel. Mit Hilfe dieser Instrumente kann man ein Produkt verschieden vermarkten.[4]

3 vgl. Grichnik, Entrepreneurship, S. 290
4 vgl. Bruhn (2012), S. 165

3. Preisbestimmung

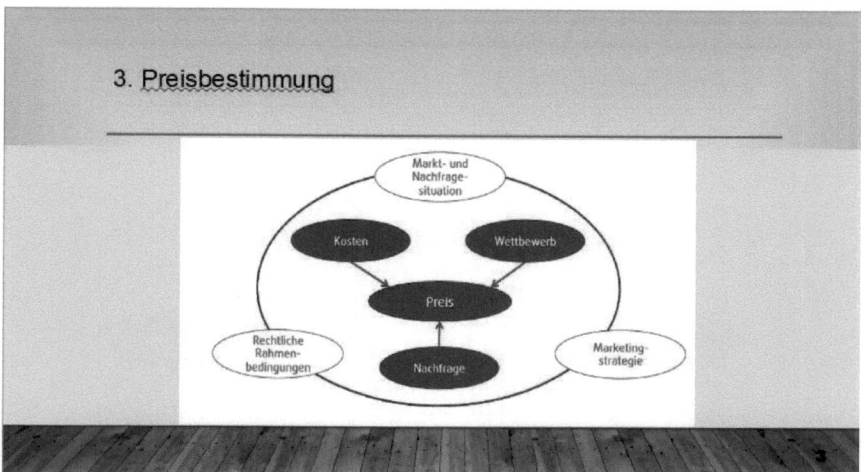

Abbildung 2 in Anlehnung an Grichnik

Preisbestimmung

Die Hauptfaktoren, welche die Höhe des Preises bestimmen sind Nachfrage, Wettbewerber und Kosten. Es gibt aber noch andere Einflüsse, welche eine Rolle bei der Preisbildung spielen. Hierzu zählen die Markt- und Nachfragesituation, die Marketingstrategie und die rechtlichen Rahmenbedingungen.[5]

5 vgl. Grichnik, Entrepreneurship, S. 290

3. Preisbestimmung

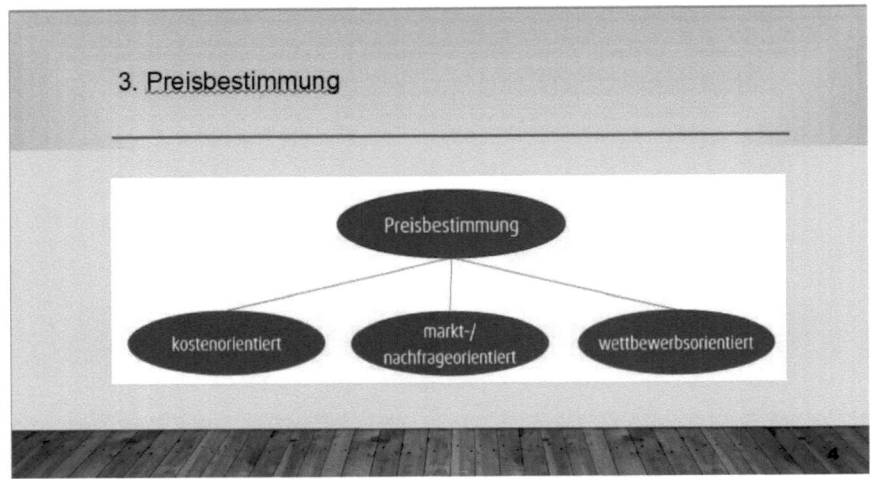

Abbildung 3 in Anlehnung an Grichnik

Es gibt drei verschiedene Ansätze zur Preisbestimmung. Die kostenorientierte Preisbestimmung addiert zu der Preisuntergrenze, welche alle Kosten deckt, einen Aufschlag, welcher den Gewinn des Unternehmens darstellt. Die Höhe des Aufschlagsatzes variiert je nach Branche. Die wettbewerbsorientierte Preisbestimmung legt ihr Hauptaugenmerk auf den Markt. Hierbei wird der Preis unter Berücksichtigung der anderen Wettbewerber festgelegt, da es sich fast nie um eine Monopolstellung handelt. Es gibt zwei Möglichkeiten zur Preisbestimmung, die Anpassung an den Marktpreis oder das Über- bzw. Unterbieten. Das Überbieten des Marktpreises bietet sich an, wenn ein Qualitätsprodukt vermarktet werden soll. Um die Kostenführerschaft im Mark zu übernehmen, muss der Marktpreis dagegen unterboten werden. Der dritte Ansatz ist die nachfrageorientierte Preisbestimmung, welche auf der Preis-Absatz-Funktion basiert. Mit dieser kann man den gewinnmaximalen Preis unter Vorgabe der Kostenfunktion errechnen und erhält somit eine erste Einschätzung für den Preis. Die wenigstens Unternehmen können mit einem Preiskampf in den Markt einsteigen, deswegen eignet sich für den Beginn die nachfrageorientierte Preisbestimmung. Das Produkt soll so positioniert werden,dass das Hauptargument für den Kauf nicht der Preis, sondern die Einzigartigkeit ist.[6]

6 vgl. Grichnik, Entrepreneurship, S. 291

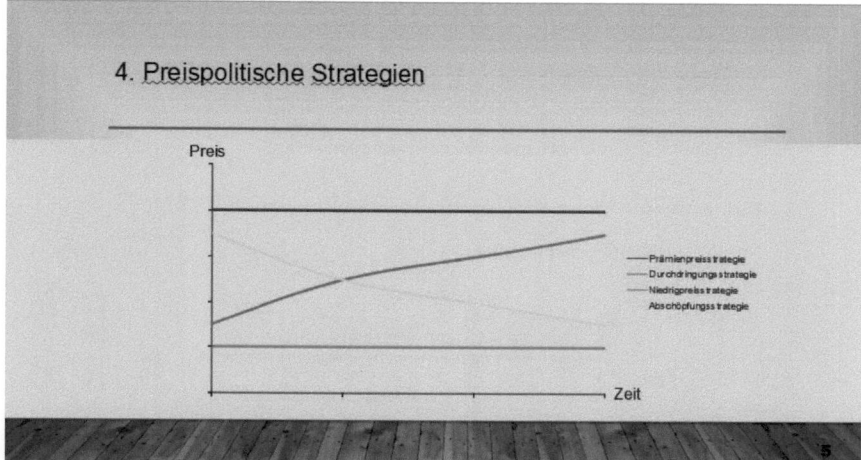

4. Preispolitische Strategien

Preis

Prämienpreisstrategie
Durchdringungsstrategie
Niedrigpreisstrategie
Abschöpfungsstrategie

Zeit

Abbildung 4 eigene Darstellung

Preispolitische Strategien

Für den Verlauf des Preises über einen Zeitraum gibt es verschiedene Strategien, welche Unternehmen einsetzen können. Die Prämienpreispolitik eignet sich besonders für hochqualitative Produkte, bei welchen der Preis gleichbleibend hoch bleibt. Dieser hohe Preis kann zu einer großen Gewinnspanne führen, solange kein Mengenrückgang stattfindet. Unterstützt wird diese Strategie am besten von Werbung und einem guten Vertriebssystem, wie z.B. Vertretern, da die Zielgruppe meist klein und exklusiv ist. Die Promotionspolitik oder auch Niedrigpreisstrategie basiert, im Gegensatz dazu, auf niedrigen Produktpreisen. Damit soll das Kaufargument der Preis sein und den größten Anreiz bieten. Bei der Penetrationspreispolitik bzw. Durchdringungsstrategie startet das Produkt mit einem geringen Preis, um schnell neue Massenmärkte zu erschließen und Konkurrenten fernzuhalten. Mit der Zeit wird eine Preiserhöhung durchgeführt. Hierbei kann es zu Schwierigkeiten kommen, da ein höherer Preis vor den Kunden gerechtfertigt werden muss. Außerdem gehen ein niedriger Anfangspreis mit geringer Qualität und einer längeren Amortisationsdauer einher. Die Abschöpfungspreispolitik nutzt zunächst hohe Preise in der Einführungsphase und senkt diese dann mit wachsendem Wettbewerbsdruck. Diese Strategie wird bei Neueinführungen genutzt, wenn es keine vergleichbaren Produkte gibt und die Kunden für eine Innovation gerne bereit sind, den hohen Preis zu zahlen. Sinnvoll ist die Abschöfpungspreispolitik in Verbindung mit einer aufwendigen Produktvermarktung.[7]

---

7 Vgl. Vahs, Einführung in die Betriebswirtschaftslehre, S. 759 f.

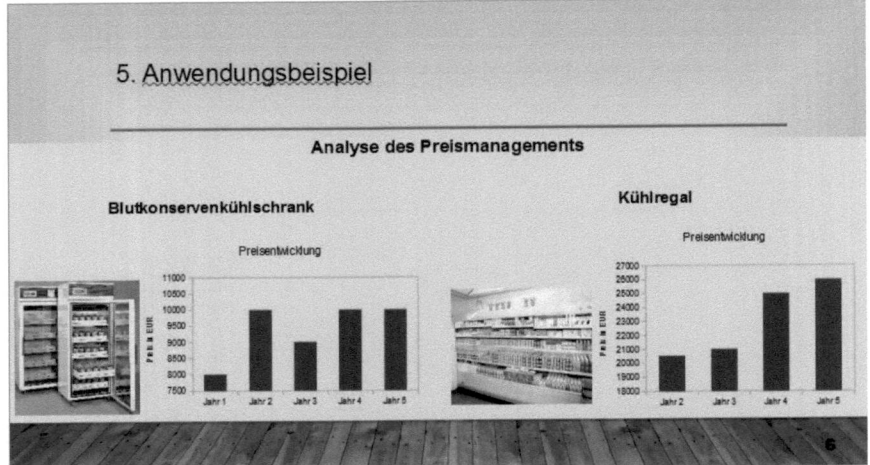

Anwendungsbeispiel

Im Folgenden wird das Preismanagement der Gruppe 1 des Planspiels analysiert. Betrachtet werden die Produkte Blutkonservenkühlschrank über die Dauer von fünf Jahren und Kühlregal über die Dauer von vier Jahren. Auf den ersten Blick lässt sich an der Preisentwicklung erkennen, dass bei dem Blutkonservenkühlschrank eine Prämienpreispolitik versucht wurde, welche in den Jahren 1 und 3 aufgrund von mangelnder Erfahrung und Analyse aber nicht durchgehalten wurde. Bei der Preisentwicklung des Produktes Kühlregal lässt sich im Verlauf eine Durchdringungsstrategie erkennen, da der Preis von Jahr zu Jahr erhöht wurde.

5.1 Produkt „Blutkonservenkühlschrank" Jahr 1

Analyse		Entscheidungen		Ergebnisse	
Vorheriger Preis	7.500 €	Investitionen	4.775.000 €	Marktanteil	27 %
Nachfrage	sinkend	Vertreter	5	Absatz maximal	9.686
Wettbewerb	Starke Konkurrenz	Produktion	6.000	Umsatz	48.000.000 €
Preisbestimmung	wettbewerbs-orientiert	Preis	8.000 €		
Preisstrategie	Mittelpreis-strategie				

Produkt „Blutkonservenkühlschrank" Jahr 1

Das Produkt wurde vor Spielbeginn mit einem Preis von 7.500€ bei sinkender Nachfrage verkauft. Da im ersten Jahr jede Gruppe nur den Blutkonservenkühlschrank produzieren konnte, gab es starke Konkurrenz und es wurde die Mittelpreisstrategie gewählt. Die Investitionen beliefen sich auf fast 5.000.000 € und wir entscheiden uns für 5 Vertreter bei einer Produktion von 6000 Stück, da es sich um ein exklusives Produkt handelt. Mit einem Preis von 8000€ pro Kühlschrank erreichten wir einen Marktanteil von 27% und konnten nur zwei Drittel der möglichen Käufer beliefern.

5.1 Produkt „Blutkonservenkühlschrank" Jahr 2

Analyse		Entscheidungen		Ergebnisse	
Vorheriger Preis	8.000 €	Investitionen	3.000.000 €	Marktanteil	44 %
Nachfrage	sinkend	Vertreter	7	Absatz maximal	9.715
Wettbewerb	wenig Konkurrenz	Produktion	10.000	Umsatz	97.150.000 €
Preisbestimmung	kostenorientiert	Preis	10.000 €		
Preisstrategie	Hochpreisstrategie				

Produkt „Blutkonservenkühlschrank" Jahr 2

In Jahr 2 wurde versucht die ersten Erfahrungswerte zu nutzen. Da der höchste Preis der Konkurrenz bei 9990€ lag und davon ausgegangen wurde, dass sich die Konkurrenz auf die neu produzierbaren Produkte konzentrieren würde, beschlossen wir die Hochpreisstrategie bzw. die Prämienpreispolitik zu verfolgen. Es wurden 3.000.000€ in Qualität und Werbung investiert und 7 Vertreter angestellt. Außerdem erhöhten wir die Produktion auf 10.000 Stück und machten den Blutkonservenkühlschrank zu dem Hauptprodukt. Der festgelegte Preis war bei 10.000€ und damit erzielten wir einen Umsatz von 97.150.000€ bei einem Marktanteil von 44%. Die potenziellen Käufer wurden alle bedient und es blieben nur rund 300 Stück für das Lager zurück. Der Umsatz wurde sogar verdoppelt.

5.1 Produkt „Blutkonservenkühlschrank" Jahr 3

Analyse		Entscheidungen		Ergebnisse	
Vorheriger Preis	10.000 €	Investitionen	4.100.000 €	Marktanteil	30 %
Nachfrage	sinkend	Vertreter	7	Absatz maximal	8.187
Wettbewerb	wenig Konkurrenz	Produktion	10.000	Umsatz	73.683.000 €
Preisbestimmung	kostenorientiert	Preis	9.000 €		
Preisstrategie	Mittelpreis-strategie				

Produkt „Blutkonservenkühlschrank" Jahr 3

Im dritten Jahr war die Gruppe so glücklich über das Vorjahr, dass nicht auf die sinkenden Absatzzahlen geachtet wurde. Weiterhin wurde davon ausgegangen, dass die Konkurrenz mit anderen Produkten gewinnen will und deshalb wurden wieder 4.000.000€ investiert und das Produkt von 7 Vertretern verkauft. Es wurde ein Zusammenhang von Preis und dem maximalen Absatz festgestellt, weshalb der Preis um 1.000€ gesenkt wurde, um eine größere Menge produzieren und absetzen zu können. Die Ergebnisse dieses Jahres waren mit einem geschrumpften Marktanteil von 30% und ca. 2500 Blutkonservenkühlschränken im Lager ernüchternd. Auch der Umsatz ist um rund 25.000.000€ zurückgegangen.

5.1 Produkt „Blutkonservenkühlschrank" Jahr 4

Analyse

Vorheriger Preis	10.000 €
Nachfrage	sinkend
Wettbewerb	wenig Konkurrenz
Preisbestimmung	wettbewerbs-orientiert
Preisstrategie	Hochpreisstrategie

Entscheidungen

Investitionen	5.000.000 €
Vertreter	10
Produktion	7.000
Preis	10.000 €

Ergebnisse

Marktanteil	26 %
Absatz maximal	4.422
Umsatz	44.220.000 €

Produkt „Blutkonservenkühlschrank" Jahr 4

In Jahr 4 war die Ausgangslage etwas kritischer. Es wurde versucht mit einem wieder höheren Preis, mehr Investitionen und mehr Vertretern wieder mehr Umsatz zu generieren. Der immer noch sinkende Absatz wurde weiterhin missachtet und die Hochpreisstrategie mit einem Preis von 10.000€ bei einer Produktion von 7.000 Stück versucht. Mit einem Marktanteil von nur 26% in dem Jahr konnten nur 4.400 Kühlschränke verkauft werden und 2.500 weitere wurden für das Lager produziert. Der Umsatz hatte sich halbiert im Vergleich zu Jahr 2.

5.1 Produkt „Blutkonservenkühlschrank" Jahr 5

Analyse		Entscheidungen		Ergebnisse	
Vorheriger Preis	10.000 €	Investitionen	2.000.000 €	Marktanteil	26 %
Nachfrage	sinkend	Vertreter	10	Absatz maximal	3.396
Wettbewerb	Starke Konkurrenz	Produktion	4.166	Umsatz	33.960.000 €
Preisbestimmung	wettbewerbs-orientiert	Preis	10.000 €		
Preisstrategie	Mittelpreis-strategie				

11

Produkt „Blutkonservenkühlschrank" Jahr 5

Im letzten Jahr wurde realisiert, dass die Konkurrenz stärker war, als angenommen. Es wurden erneut 2.000.000€ investiert, um den Preis von 10.000€ zu rechtfertigen und Kunden zu gewinnen. Hierfür wurden auch 10 Vertreter angestellt. Die Produktion wurde heruntergefahren auf 4.000 Stück, da sich noch ca. 5.000 Blutkonservenkühlschrank im Lager befanden. Wie die Ergebnisse zeigten, hätte nichts mehr produziert werden müssen, da mit einem Marktanteil von 26% nur 3.396 Käufer kamen. Der Umsatz sank damit auf knapp 44.000.000€.

Analyse		Entscheidungen		Ergebnisse	
Vorheriger Preis	18.000 €	Investitionen	1.500.000 €	Marktanteil	19 %
Nachfrage	steigend	Vertreter	0	Absatz maximal	1.072
Wettbewerb	Starke Konkurrenz	Produktion	2.000	Umsatz	19.782.500 €
Preisbestimmung	wettbewerbs-orientiert	Preis	20.500 €		
Preisstrategie	Niedrigpreis-strategie				

12

Produkt „Kühlregal" Jahr 2

Das Produkt Kühlregal wurde vor Spielbeginn für 18.000€ pro Stück verkauft und es wurde mit einer größer werdenden Nachfrage gerechnet. Gruppe 1 entschied sich für das Hauptprodukt Blutkonservenkühlschrank, weswegen die Konkurrenz bei den Kühlregalen stärker eingeschätzt wurde. Es wurden nur 1.500.000€ investiert und keine Vertreter eingestellt. Der Preis wurde mit der Niedrigpreisstrategie bei 20.500€ angesetzt und es wurden 2.000 Stück hergestellt. In diesem Jahr machten wir einen Umsatz von 20.000.000€ bei einem Marktanteil von 19% und produzierten die Hälfte für das Lager.

5.1 Produkt „Kühlregal" Jahr 3

Analyse		Entscheidungen		Ergebnisse	
Vorheriger Preis	20.500 €	Investitionen	4.100.000 €	Marktanteil	25 %
Nachfrage	steigend	Vertreter	7	Absatz maximal	1.513
Wettbewerb	Starke Konkurrenz	Produktion	3.375	Umsatz	31.773.000 €
Preisbestimmung	wettbewerbs-orientiert	Preis	21.000 €		
Preisstrategie	Niedrigpreis-strategie				

13

Produkt „Kühlregal" Jahr 3

In Jahr 3 wurde von der gleichen Ausgangslage ausgegangen und die Produkte auf Lager sollten verkauft werden. Der relativ niedrige Preis wurde beibehalten, aber vier mal so viel in Qualität und Werbung investiert. Außerdem wurden 7 Vertreter eingestellt, um alle Kühlregale für 21.000€ das Stück zu verkaufen. Die Produktion wurde aber fast verdoppelt. Die Ergebnisse zeigten einen Marktanteil von 25%, einen maximalen Absatz von 1.513 und einen Umsatz von fast 32.000.000€. Das Lager beinhaltete also schon 3.000 Kühlregale nach diesem Jahr.

5.1 Produkt „Kühlregal" Jahr 4

Analyse		Entscheidungen		Ergebnisse	
Vorheriger Preis	21.000 €	Investitionen	6.000.000 €	Marktanteil	30 %
Nachfrage	steigend	Vertreter	11	Absatz maximal	2.580
Wettbewerb	Starke Konkurrenz	Produktion	0	Umsatz	64.500.000 €
Preisbestimmung	wettbewerbs-orientiert	Preis	25.000 €		
Preisstrategie	Hochpreisstrategie				

Produkt „Kühlregal" Jahr 4

Nach dieser beträchtlichen Menge im Lager aus den vorherigen Jahren wurde beschlossen, keine Kühlregale mehr zu produzieren, sondern 6.000.000€ zu investieren und 11 Vertreter zu beschäftigen, weil die Nachfrage steigt. Bei dieser Höhe an Investitionen wurde zu einer Hochpreisstrategie gewechselt und der Preis wurde auf 25.000€ festgelegt. So wurden knapp 65.000.000€ an Umsatz erzielt und ein Marktanteil von 30%. Alle Käufer konnten versorgt werden und im Lager befanden sich nur noch 500 Stück.

5.1 Produkt „Kühlregal" Jahr 5

Analyse		Entscheidungen		Ergebnisse	
Vorheriger Preis	25.000 €	Investitionen	2.000.000 €	Marktanteil	25 %
Nachfrage	steigend	Vertreter	9	Absatz maximal	2.102
Wettbewerb	Starke Konkurrenz	Produktion	2.500	Umsatz	54.652.000 €
Preisbestimmung	wettbewerbs-orientiert	Preis	26.000 €		
Preisstrategie	Hochpreisstrategie				

Produkt „Kühlregal" Jahr 5

In Jahr 5 wurde die Hochpreisstrategie weiterverfolgt. Aber die Investitionen wurden gedrittelt und nur noch 9 Vertreter angestellt. Die Produktion wurde wieder aufgenommen mit 2.500 Stück zu einem Preis von 26.000€ pro Kühlregal. Mit einem Viertel Marktanteil konnte ein Umsatz von 55.000.000€ erwirtschaftet werden. Allerdings blieben 1.000 Kühlregale im Lager zurück.

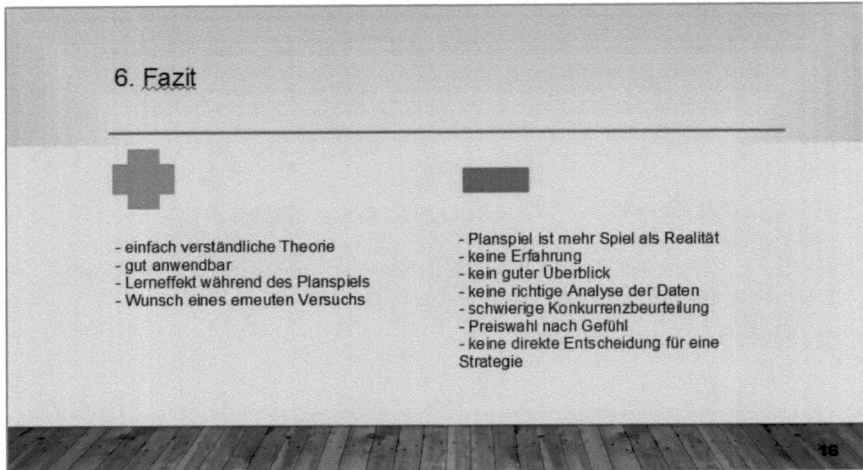

6. Fazit

- einfach verständliche Theorie
- gut anwendbar
- Lerneffekt während des Planspiels
- Wunsch eines erneuten Versuchs

- Planspiel ist mehr Spiel als Realität
- keine Erfahrung
- kein guter Überblick
- keine richtige Analyse der Daten
- schwierige Konkurrenzbeurteilung
- Preiswahl nach Gefühl
- keine direkte Entscheidung für eine Strategie

Fazit

Zusammenfassend kann festgehalten werden, dass das Planspiel eine gute praktische Methode ist, um das theoretische Wissen des Preismanagements anzuwenden. Die Theorie ist einfach verständlich und beinhaltet keine schwierigen Formeln. Der Lerneffekt vor allem in der Nachbearbeitung ist enorm und lässt den Wunsch aufkommen, das Planspiel nochmal machen zu können. Denn erst nach eingehender Betrachtung aller Daten stellt man Zusammenhänge fest und wie viele Möglichkeiten es gegeben hätte. Das Planspiel hat aber auch gezeigt, dass wenn man keine Erfahrung damit hat und sich nicht nach dem ersten Jahr sofort einen Überblick verschafft, indem man die Daten gründlich analysiert, nur nach Gefühl spielt und somit einige Fehlentscheidungen trifft. Da alle Gruppen keine Erfahrung haben ist es um so schwieriger das Verhalten der Konkurrenz einzuschätzen und man kann nicht von einem normalen Markt ausgehen, wie er in der Realität funktionieren würde. So stellte sich am Ende heraus, dass bei dem Produkt „Kühlregal" z.B. eine Durchdringungsstrategie verfolgt wurde, obwohl das nicht bewusst beschlossen wurde. Grundlegend ist es eine tolle Chance das theoretische Wissen aus verschiedenen Bereichen in der Praxis zu testen, aber es könnte bewusster genutzt werden, wenn z.B. eine Proberunde vor dem richtigen Spiel stattfinden würde.

7. Literaturverzeichnis

Bruhn, Manfred: Marketing: Grundlagen für Studium und Praxis, Wiesbaden, 2012, Springer Gabler Verlag

Gabler Wirtschaftslexikon: http://wirtschaftslexikon.gabler.de/Definition/preismanagement.html
Zugriff am 13.09.2017

Grichnik, Dietmar: Entrepreneurship - Unternehmerisches Denken, Entscheiden und Handeln in innovativen und technologieorientierten Unternehmungen, 2010, Schäffer-Poeschel Verlag
ProQuest Ebook Central, 14.09.2017

Homburg, Christian: Marketingmanagement: Strategie – Instrumente – Umsetzung – Unternehmensführung, Wiesbaden, 2012, Springer Gabler Verlag

Schwetje, Gerald: Der Businessplan - Wie Sie Kapitalgeber überzeugen, Heidelberg, 2004, Springer Verlag
ProQuest Ebook Central, 14.09.2017.

Vahs, Dietmar: Einführung in die Betriebswirtschaftslehre, 2012, Schäffer Poeschel Verlag
ProQuest Ebook Central, 14.09.2017

Literaturverzeichnis

Bruhn, Manfred: Marketing: Grundlagen für Studium und Praxis, Wiesbaden, 2012, Springer Gabler Verlag

Gabler Wirtschaftslexikon:
http://wirtschaftslexikon.gabler.de/Definition/preismanagement.html
Zugriff am 13.09.2017

Grichnik, Dietmar: Entrepreneurship - Unternehmerisches Denken, Entscheiden und Handeln in innovativen und technologieorientierten Unternehmungen, 2010, Schäffer-Poeschel Verlag
ProQuest Ebook Central, 14.09.2017

Homburg, Christian: Marketingmanagement: Strategie – Instrumente – Umsetzung – Unternehmensführung, Wiesbaden, 2012, Springer Gabler Verlag

Schwetje, Gerald: Der Businessplan - Wie Sie Kapitalgeber überzeugen, Heidelberg, 2004, Springer Verlag
ProQuest Ebook Central, 14.09.2017.

Vahs, Dietmar: Einfürung in die Betriebswirtschaftslehre, 2012, Schöfer Poeschel Verlag
ProQuest Ebook Central, 14.09.2017